Dirección de arte: Trinidad Vergara

Diseño de interior: María Inés Losada

Diseño de cubierta: María Inés Linares

Diseño del personaje: Andrea Simons

Edición: Lidia María Riba

Colaboración editorial: Cristina Alemany - Enriqueta Naón Roca

Fotos: © Getty Images - Digital Image copyright (c) 2002 Getty Images

Argentina: Ayacucho 1920, Buenos Aires (C1112AAJ)

Tel/Fax: (54-11) 4807-4664/4665 - e-mail: editoras@vergarariba.com.ar

México: Galileo 100, Colonia Polanco, Chapultepec,

11560, México D.F. Tel/Fax: (525) 55-220-6620/2

e-mail: editoras@vergarariba.com.mx

ISBN: 987-9338-32-4

Fotocromía: DTP Ediciones, Buenos Aires, Argentina

Impreso en Argentina por Verlap S.A.

Printed in Argentina. Abril de 2003

Camino al éxito

Camino al éxito

GONZALO ARZUAGA

Este libro está dedicado a mi hermano y a mi madre,
que son los verdaderos éxitos de mi vida.

También se lo dedico a todos aquellos que creen en la
posibilidad de concretar los sueños y alcanzar el éxito.

Puedes lograrlo.
Deja que los chicos sean tu guía.

Reconocimientos

A Victoria Osorio, por su gran colaboración, por la retro-alimentación que me brindó
y por su apoyo. Hizo que este libro resultara mucho más interesante.

A Manechi, por su apoyo incondicional, sus ideas y por estar siempre dispuesta a dar
ese paso adicional.

A Kimberly C., de Getty Images.

Sobre el autor

Gonzalo Arzuaga es un emprendedor por naturaleza. Se graduó en Administración
de Empresas. Cree positivamente en el impacto de las palabras
y en su poder motivador y de estímulo para seguir soñando.

El camino al éxito
está siempre en construcción.
Al Trellis

Tienes un largo camino para recorrer.
Disfruta del paisaje.

El secreto para alcanzar el éxito reside
en estar listo cuando llega la oportunidad.

Benjamín Disraeli

¿Trabajo duro? ¡Ya lo creo!

Decídete a comenzar todo lo que puedas o sueñas
hacer. Porque la audacia contiene genio, poder y magia.

Wolfgang Goethe

Es más fácil no hacer nada, pero entonces tampoco ganarás nada.

Los que consiguen llegar al éxito
y sostenerlo son aquellos que lo intentan...
y vuelven a intentarlo.

W. Clement Stone

Pon toda tu energía en lograr tus objetivos.

Destierra de tu mente
la idea de que no puedes.
Samuel Johnson

Recuerda que es bueno pedir ayuda.

Para lograr grandes cosas,
no sólo debemos actuar, sino también soñar;
no sólo planificar, sino también creer.

Anatole France

Prepárate para trabajar veinticuatro horas al día, siete días a la semana para cumplir tus sueños.

Ganar es un hábito;
lamentablemente, perder, también.
Vince Lombardi

CALIFICACIÓN

EXCELENTE

¡Esforzarse da resultados!

Muchas veces postergamos nuestros proyectos
porque estamos esperando las condiciones adecuadas
para actuar. No perdamos más tiempo.
El momento ideal no existe. Hay que comenzar ya.

Gonzalo Arzuaga

No esperes a que haga buen tiempo para intentarlo. Actúa ahora mismo.

El éxito nunca es definitivo, el fracaso jamás es fatal.
Lo que cuenta es el coraje para seguir adelante.
Winston Churchill

Sí, olvidé advertirte que el camino al éxito a veces es escarpado y puede causar sinsabores.

No hay dificultades invencibles
para la voluntad ni inconvenientes
que no haya remediado la experiencia.

Domingo F. Sarmiento

Si algo te detiene, no te rindas, cambia de lugar, mira desde otro ángulo y encontrarás la solución.

El mundo está en manos de aquellos que tienen el coraje
de soñar y de correr el riesgo de vivir sus sueños.
Paulo Coelho

Cada vez que te hagan caer, vuelve a levantarte.

El éxito no consiste en no equivocarte sino en no equivocarte cometiendo el mismo error dos veces.

George Bernard Shaw

Algunos se reirán de tus "fracasos".
También tú lo harás algún día.

La prosperidad es una gran maestra;
la adversidad es mejor aún.
William Hazlitt

Habrá momentos en que necesitarás demostrar que no estás de acuerdo. ¡Adelante, hazlo!

Lo mejor que se puede hacer es
aprovechar al máximo lo que nos ha sido dado.
Eso es el éxito.

Orison Sweet Marsden

Habrá días en que te sentirás insignificante, pero no lo olvides... ¡eres una estrella!

Descansa, el campo que ha descansado,
da la mejor cosecha.

Ovidio

Carga las baterías. Duerme una siesta. Sin culpas.

Ten siempre presente que tu decisión
de alcanzar el éxito es más importante
que cualquier otra cosa.

Abraham Lincoln

Cada paso es un paso adelante. Hasta un paso atrás, puede ser un paso hacia adelante.

Cambiemos nuestro pensamiento y el mundo
a nuestro alrededor cambiará también.

Richard Bach

Imagínate más allá de tus límites.
Mejor aún, olvídate de tus límites.

Un verdadero líder conduce, pero también
se deja llevar por el equipo.

Frank Allen

A veces es conveniente que alguien te lleve de la mano.

Saber pedir ayuda a tiempo
no es síntoma de debilidad. Por el contrario,
es signo de fortaleza e inteligencia.

Gonzalo Arzuaga

La ayuda viene en todas las formas, tamaños y colores.

Alcanzamos a ver la cima ayudados por
muchos hombros que nos empujan hacia arriba.

Marc Dual

Apóyate en los que te quieren.

Muchos de los que fracasaron son personas que se rindieron justo cuando estaban por alcanzar su objetivo.

Tomás Alva Edison

Ante la desesperanza, confía en ti.

Es mejor encender una vela
que culpar a la oscuridad.
Proverbio chino

Cuando el camino se desdibuje,
sigue tu corazón hacia la claridad.

La manera de desarrollar la confianza
en ti mismo es hacer aquello que más temes
y llevar una lista de todas las experiencias
exitosas que dejas atrás.
William Jennings Bryan

Ten confianza en que lograrás tus metas. Y lo harás.

La diferencia entre lo que hacemos
y lo que somos capaces de hacer sería suficiente
para resolver todos los problemas del mundo.

Mahatma Gandhi

Porque sabes que puedes lograrlo,
ve por lo imposible.

En el camino hacia el éxito sufrimos muchas presiones.
Pero ninguna debe impedirnos disfrutar del recorrido.
La competencia no tiene que opacar el placer del juego.

Alan Frers

Diviértete. Hoy intenta algo nuevo, aunque sólo sea sumergirte en un baño de espuma.

Lo que dejamos atrás y lo que queda por delante no es nada comparado con lo que llevamos adentro.

Ralph Waldo Emerson

A veces, algunas cosas te serán tan fáciles
como soplar y hacer burbujas, si recurres
a tu fuerza interior.

Cada acción es una acción. Sólo existe un secreto: jamás dejes que el hábito comande tus movimientos.

Paulo Coelho

Cambia de perspectiva. Crea tus propios modelos.

El hombre nunca sabe de lo que es capaz,
hasta que lo intenta.

Charles Dickens

Haz algo diferente. Sé distinto...
Sé tú mismo y se fijarán en ti.

El carácter de cada hombre es el árbitro de su fortuna.
Publio Siro

El gesto más pequeño despierta
la más amplia sonrisa.

La amistad hace de la prosperidad un lugar más brillante, mientras aligera la carga de la adversidad compartiendo sus angustias y pesares.

Cicerón

El mar puede embravecerse. Asegúrate de que navegas con amigos de verdad, dispuestos a enfrentar contigo todas las tormentas.

Toma nota del consejo de quienes te aman,
aunque en principio no te guste.

Blas Pascal

Logra el apoyo de tu familia.
Hará tu viaje más interesante.

Casi no hay imposibles para quienes
saben trabajar y esperar juntos.

Fenelón

En equipo todos conseguimos mucho más.

Defiende tus opiniones pero no creas que eres dueño de toda la verdad, o de la única verdad.

Charles A. Dana

Escucha las opiniones de los demás.

No será un gran líder quien
quiera hacerlo todo solo, o quiera llevarse
todo el crédito por hacerlo.

Andrew Carnegie

Incorpora a los mejores a tu equipo
y recuerda que, a partir de ahí, tú serás
también parte de su equipo.

Cualquier idea poderosa es absolutamente fascinante
y absolutamente inútil hasta que decidimos usarla.

Richard Bach

Nada está tan lejos como parece.

Aun cuando hayas tirado varias veces con el arco, continúa prestándole atención al modo en que colocas la flecha y tensas la cuerda.

Lao-Tzu

Intenta alcanzar las estrellas
y, si sólo llegas a la luna, magnífico.

No descubriremos tierras nuevas
si no nos atrevemos a perder de vista
la orilla durante un tiempo.

André Gide

Trata de ir más allá
de tus propias limitaciones.

Imagina una nueva historia
para tu vida y cree en ella.
Paulo Coelho

Si eres capaz de soñarlo,
eres capaz de conseguirlo.

La extenuación de las fuerzas no extenúa la voluntad.
Creer es la segunda potencia, querer es la primera.
Las montañas que remueve la fe son insignificantes
comparadas con las que puede mover la voluntad.

Víctor Hugo

Prepárate para el desafío y ganarás.

Existe una puerta por la que puede entrar
la buena o mala suerte, pero somos nosotros
los que tenemos la llave.

Sabiduría Oriental

Apunta bien alto. No tengas miedo, ¡podrás!

Para vivir hace falta coraje. Tanto la semilla intacta como la que rompe su cáscara tienen las mismas propiedades. Sin embargo, sólo la que rompe su cáscara es capaz de lanzarse a la aventura de la vida.

Khalil Gibrán

El entusiasmo es tu combustible.
Y lo mejor es que viene de un pozo inagotable.

Nunca emprenderíamos nada si quisiéramos
asegurarnos el éxito de nuestra empresa.
Napoleón Bonaparte

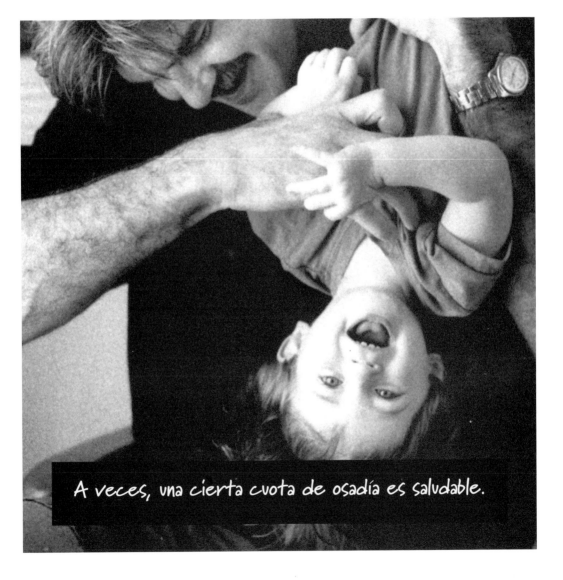

A veces, una cierta cuota de osadía es saludable.

Sólo las pasiones, las grandes pasiones,
pueden elevar el alma hasta las grandes cosas.

Denis Diderot

¡Juégate entero!

Cuando el amor y la habilidad trabajen juntos,
puedes esperar una obra de arte.
John Ruskin

El único secreto para el verdadero éxito:
enamorarte de lo que haces.

Por lo general, el éxito les llega
a quienes están demasiado ocupados
para estar buscándolo.

Henry David Thoreau

Si dedicas toda tu energía a algo,
tu éxito está casi garantizado.

Es bueno, a veces, tomar un descanso en nuestra búsqueda de la felicidad y aprovecharlo para ser felices.

Guillaume Apollinaire

No importa lo que hagas, diviértete
a rabiar mientras lo haces.

Si el éxito te llega demasiado pronto,
trata de disimular tu asombro.

Harry F. Banks

¡Habrá días llenos de sorpresas!

La constancia logra las cosas más difíciles.
Benjamín Franklin

¡El éxito es dulce! ¡Saboréalo! ¡Te lo has ganado!

Miles de velas pueden ser encendidas con una
sola vela, y no se acortará la vida de esa vela.
La felicidad no se reduce al ser compartida.

Buda

La felicidad y el éxito se multiplican cuando
los compartes con tu familia

No importa cuán lentamente avances,
mientras no te detengas.
Confucio

Después de todo, el éxito es sólo
una cuestión de actitud.

¿Quieres contarme tu camino al éxito? Escríbeme:

gonzalo@arzuaga.net

Otros libros para regalar

Paulo Coelho: Palabras esenciales

Richard Bach: Mensajes para siempre

Pablo Neruda: Regalo de un poeta

Mario Benedetti: Acordes cotidianos

Thiago de Mello: Los estatutos del hombre

Un brindis por la vida

Un brindis por la amistad

Un brindis por las madres

Un día de aquellos

Querida mamá

Si buscas al Príncipe Azul